W0052891

Ida Skivenes

Kunst aufessen

Bildschöne Frühstücksideen von IdaFrosk

Aus dem Norwegischen von Maike Dörries

Verlag Antje Kunstmann

Inhalt

Vorwort

Das Frühstück war schon immer meine Lieblingsmahlzeit. Es gibt nichts Schöneres als ein gemütliches Sonntagsfrühstück mit dem Tisch voller Aufstriche und Beläge, Brot, Pfannkuchen, frischem Obst und einer großen Kanne Kaffee. Aber auch unter der Woche beginne ich meinen Tag gern mit einer Schale warmem Porridge.

Ich bin auf einem Bauernhof aufgewachsen, bei uns zuhause stand immer eine volle Obstschale auf dem Wohnzimmertisch und jeden Tag gab es Salat zum Essen. Die Liebe zu Obst und Gemüse, die ich mir bis heute erhalten habe, möchte ich gerne mit anderen teilen.

Ein Foto, das ich im Sommer 2012 aus Lust und Laune auf Instagram gestellt hatte, war der Start einer ungeahnten Abenteuerreise in die Welt der „Food Art". Auf meinem allerersten Foto waren zwei Scheiben Brot zu sehen, die wie ein Bär und ein Fuchs geformt waren. Ich hatte so etwas Ähnliches bereits im Netz gesehen und träumte davon, irgendwann einmal so ein süßes Frühstück serviert zu bekommen. Das ist bis heute nicht passiert, also habe ich die Sache selbst in die Hand genommen und mir meine eigenen Frühstücksbrote gebastelt. Das machte mir so viel Freude, dass ich beschloss, diese Kreationen auf meine neu eingerichtete Instagram-Seite zu stellen. Ich kann weder besonders gut zeichnen noch malen, aber offenbar habe ich ein Auge für „Food Art". Und so hatte ich einen Ort gefunden, wo ich meine Kreativität ausleben konnte: beim Essen!

Mit meinem neuen Hobby vergnügte ich mich vor allem morgens, tagsüber war ich als Statistikerin tätig. Ende des Jahres 2013 habe ich mir dann für ein Jahr freigenommen, um mich ganz der „Food Art" widmen zu können. Ich bin weder gelernte Köchin noch professionelle Künstlerin, einfach nur eine gewöhnliche Esserin, die findet, dass Essen ruhig Spaß machen darf. Vorläufig habe ich noch keine Kinder und habe „Food Art" bislang nur für mich selbst oder hin und wieder für enge Freunde und die Familie gemacht – und natürlich für mein Publikum auf Instagram und anderswo.

Dass meine Spielerei mit dem Essen einmal die ganze Welt erreichen würde, hätte ich nie gedacht. Dieses Buch ist darum auch ein Dankeschön an all jene, die mich mit tollen Ideen auf meiner Reise begleitet und meine Bilder weiterempfohlen haben. Teil einer internationalen Interessengemeinschaft zu sein bedeutet viel für mich: Ich bin nicht die Einzige, die mit

Essen spielt, wir sind viele. Die „Food Art" hat ihren Ursprung in der japanischen Bento-Tradition, mit späteren Ablegern in den USA und an anderen Orten.

„Food Art" ist praktische Gebrauchskunst: Alles, was auf diesen Seiten zu sehen ist, wurde zubereitet, um gegessen zu werden. Ich betrachte das Ganze zwar nicht als „Kunstprojekt", lasse mich aber gern von moderner Kunst, Zeichentrickserien und Filmen inspirieren. Auch ganz alltägliche Dinge wie das Wetter oder ein Feiertag können eine Inspiration sein.

Ich bin überzeugt, dass jeder Mensch kreativ ist, wenn er es nur versucht. Dieses Buch könnte so etwas wie eine Starthilfe sein. Es muss nicht immer alles perfekt sein – wie unten auf dieser Seite zu sehen ist, waren meine ersten Versuche auch nicht unbedingt Meisterwerke. Es würde mich freuen, wenn das Buch Inspiration und Unterhaltung für Jung und Alt ist, für jeden, der sich eine ganz persönliche Mahlzeit kredenzen und dabei ein bisschen träumen möchte.

Und für alle, die morgens noch nicht so munter sind: Alle Mahlzeiten und Rezepte eignen sich selbstverständlich auch als Mittagssnack, Zwischenmahlzeit oder Abendessen. Viel Spaß beim Essen!

LECKERE GRÜSSE VON IDA

Mit dem Essen spielen? JA!

Alle Kinder bekommen irgendwann zu hören, dass sie nicht mit dem Essen spielen sollen. Bei mir war es nicht anders – aber ich habe das offensichtlich nicht verinnerlicht. Eltern befürchten wahrscheinlich die große Kleckerei oder dass vor lauter Spielen das Essen zu kurz kommt. Vielleicht hängt es auch damit zusammen, dass man früher dankbar sein musste, wenn man überhaupt etwas zu essen bekam. Nahrungsaufnahme war eine ernste Angelegenheit, die keine andere Funktion zu erfüllen hatte, als den Hunger zu stillen. Das ist heute anders. Könnte man das Spiel mit dem Essen nicht auch als eine Feier all der Rohprodukte und guten Dinge sehen, die uns die Natur gibt?

Essen kann, wenn man es zulässt, unglaublich anregend sein – mit all den unterschiedlichen Farben, Texturen und Aromen. Es ist gut für Kinder wie Erwachsene, die Sinne zu aktivieren. Wenn man Formen ausprobieren und mit ihnen experimentieren darf, ist das Essen ein Vergnügen, keine Pflichtübung. Möglicherweise fällt es auch leichter, neue Lebensmittel zu probieren, wenn sie auf eine ungewohnte Weise präsentiert werden.

Frühstück gibt es zu einer Zeit, zu der viele Leute noch gar nicht richtig hungrig sind. Da kann etwas Lustiges helfen, die Essenslaune zu steigern – zum Beispiel ein Teller Panda-Porridge oder ein Eichhörnchentoast. Solche Dinge müssen nicht zeitaufwendig sein, und die Freude, die man damit bereitet, ist die Mühe allemal wert. Ich habe fast alle Rezepte in diesem Buch zubereitet, bevor ich mich auf den Weg zur Arbeit gemacht habe, daher habe ich mich überwiegend an einfache und schnelle Ideen gehalten. Aber es gibt natürlich auch aufwendigere Projekte, denen man sich am Wochenende widmen kann, wenn man Zeit und Lust hat.

Man muss nicht jeden Tag oder jede Woche „Food Art" machen, aber zwischendurch ist es eine schöne Abwechslung. Allerdings passt es natürlich nicht in jeder Situation, mit dem Essen zu spielen – etwa, wenn man in einem Restaurant sitzt oder bei anderen Leuten zum Essen eingeladen ist. Auch wenn man das Brot auf seinem Teller viel lieber als Elch vor einem Sonnenuntergang serviert bekäme, ist es nicht immer angebracht, den Wunsch sofort in die Tat umzusetzen … Dann merkt man sich die Idee einfach und macht sie in aller Ruhe zu Hause.

Zu einer abwechslungsreichen und gesunden Ernährung gehört unbedingt eine bunte Vielfalt an Obst und Gemüse. Es gibt ja den guten Ernährungstipp, jeden Tag Lebensmittel in allen Farben des Regenbogens zu essen: Eat the Rainbow! Mit diesem Buch kann man das wortwörtlich (siehe Seite 40). Ich habe Rezepte ausgewählt, die nicht nur schön aussehen und gut schmecken, sondern auch voller wertvoller Nährstoffe stecken – ein gesunder Start in den Tag oder sein runder Abschluss. Ich verwende ausschließlich natürliche Süßungsmittel wie Honig oder Ahornsirup, die besser schmecken und viel gesünder sind als der völlig nährstofffreie Zucker. Einige der auf den Fotos abgebildeten Mahlzeiten stellen nicht unbedingt ein ausreichendes Frühstück dar, wer mehr Hunger hat, verdoppelt einfach die Portion oder isst noch etwas anderes dazu.

Ich werde häufig gefragt, was ich mit den Resten mache. Ich achte natürlich darauf, so wenig Lebensmittel wie möglich verkommen zu lassen. Mit Essen zu spielen heißt nicht, Essen zu vergeuden. Auf Seite 11 stehen ein paar Tipps, was man mit übrig gebliebenen Lebensmitteln anfangen kann.

Die Rezepte in diesem Buch sind vegetarisch, aber es steht selbstverständlich jedem frei, die Zutaten zu verwenden, die er am liebsten mag. Der Fantasie sind keine Grenzen gesetzt: Man sollte einfach das machen, worauf man Lust hat!

Ein Letztes: „Food Art" ist nicht nur was für Kinder. Das Schöne am Spielen mit dem Essen als Erwachsener ist, dass es die Fantasie und das Kind in einem wiederbelebt. Man hat alle Freiheiten, kreativ mit einem riesigen Farbspektrum, Texturen und Aromen zu spielen. Jeder kann den Künstler in sich entdecken und Spaß mit dem Essen haben!

SCHLAUE TIPPS FÜR DIE ZUBEREITUNG VON „FOOD ART"

Die „Food Art" in diesem Buch ist im Großen und Ganzen mit gewöhnlichen Zutaten zubereitet und mit Küchengeräten, die die meisten in ihrer Küche haben. Trotzdem an dieser Stelle ein paar Tipps, wie man sich die Arbeit erleichtern und spaßiger gestalten kann.

Wer kreatives Essen zubereiten will, sollte sich vorher Gedanken über Farbe, Größe und Textur der Zutaten machen, die er verwenden will, um eine appetitliche und besondere Mahlzeit zuzubereiten. Man kann dafür verwenden, was man grad zur Hand hat, aber es gibt auch einige gesunde und gute Grundnahrungsmittel, die man immer wieder braucht und deshalb vorrätig haben sollte. Diese lassen sich in fünf Hauptkategorien zusammenfassen (siehe rechte Seite) – die Basiszutaten wie Brot und Pfannkuchen sind hier nicht aufgeführt.

REZEPTE

Pfannkuchen

Für mich sind Pfannkuchen das ultimativ beste Sonntagsfrühstück. Ich liebe sie dick und luftig – wie die amerikanischen *Pancakes*. Und diese Pfannkuchen schmecken nicht nur köstlich, sie sind obendrein auch noch gesund und sättigend.

GRUNDREZEPT FÜR 2 HUNGRIGE PERSONEN:

ca. 150 g Hüttenkäse
2 Eier
1 mittelgroße Banane, reif
20 g Haferflocken
60 g feines Vollkornmehl
1 TL Backpulver
½ TL Salz

SCHMECKT AUCH MIT:
• Geriebener Zitronenschale
und Mohnsamen
• Blaubeeren und Kokos
• Zimt und Apfelmus
(anstelle von Banane)

❶ Hüttenkäse, Eier und Banane mit der Hand oder in der Küchenmaschine zu einer feinen, geschmeidigen Masse verrühren. (Vor allem wenn man mit der Spritzflasche Figuren spritzen will, ist die Küchenmaschine besser, weil keine Stückchen bleiben, die die Tülle sonst verstopfen würden.)

❷ Die trockenen Zutaten mischen und die Hüttenkäse-Ei-Banane-Mischung gründlich unterrühren. Die Masse sollte ziemlich dick sein. Falls sie zu dick ist, etwas Milch unterrühren.

❸ Bei mittlerer Hitze golden backen. Mit frischen Beeren oder Obst servieren.

Porridge

Eine Schale dampfendes, warmes Porridge an einem kalten Wintermorgen tut immer gut. Ich nehme dafür gern aus dem ganzen Korn geschroteten Haferschrot, der einen höheren Nährwert hat als gewöhnliche Haferflocken. Da der aber nicht überall zu kriegen ist, kann man genauso gut kernige Haferflocken oder auch andere Getreideflocken nehmen.

Das Grundrezept gilt für alle Getreidesorten, aber man sollte die Hinweise über Einweich- und Kochzeiten auf der gegenüberliegenden Seite beachten. Porridge kann auf unterschiedliche Weise zubereitet werden, es gibt drei Grundzubereitungsarten: die Flocken über Nacht einzuweichen, sie am Herd zu kochen oder im Ofen zu backen.

GRUNDREZEPT FÜR 1 PERSON:

240 ml Wasser
1 Prise Salz
80 g Haferschrot oder kernige Haferflocken
120 ml Milch

❶ Das Wasser mit Salz aufkochen. Haferschrot oder Haferflocken zugeben.

❷ Jetzt hat man zwei Alternativen. Wer den Brei am Vorabend zubereitet, kocht ihn einmal auf, stellt ihn mit geschlossenem Topfdeckel beiseite und lässt ihn bei Raumtemperatur über Nacht quellen.

Morgens dann mit etwas Milch noch einmal einige Minuten köcheln.

❸ Wer das Porridge morgens frisch macht, setzt Milch und Wasser zusammen mit Haferschrot oder Haferflocken auf und lässt die Masse köcheln, bis sie weich und cremig ist (Haferschrot etwa 30 bis 40 Minuten und kernige Haferflocken etwa 15 Minuten). Bei Bedarf Milch nachgießen. Alle weiteren Zutaten erst am Ende der Kochzeit beigeben.

• Gerste (über Nacht in
Wasser einweichen, Wasser abgießen
und 30 bis 45 Minuten in frischem
Wasser kochen)

• Buchweizen (mindestens
30 Minuten einweichen, spülen und
etwa 10 Minuten kochen)

• Quinoa (Körner gründlich spülen
und etwa 20 Minuten
kochen)

• Pürierte Banane
und Erdnussbutter

• Kokosraspeln und
getrocknete Aprikosen

• Geriebener Apfel und Zimt

• Beeren und kalte
Milch als Topping

Gebacken: Dafür alle Zutaten
des Grundrezepts vermischen.
Für eine festere Konsistenz
ein Ei dazugeben. Bei
200 Grad etwa 40 Minuten
im Backofen backen.

Granola (Knuspermüsli)

Wenn ich ein schnelles, gehaltvolles Frühstück möchte, dann esse ich am allerliebsten eine große Schale hausgemachtes Knuspermüsli mit eiskalter Milch und frischen Beeren. Es lässt sich leicht und in unendlich vielen Varianten zubereiten, je nachdem, worauf man Lust hat oder was der Vorratsschrank hergibt.

Die Grundformel lautet wie folgt: Haferflocken + Nüsse, Kerne oder Samen + Honig oder Ahornsirup + Öl. Für eine frischere, noch gesündere Variante wird der größte Teil des Öls durch Fruchtpüree oder Saft ersetzt. Meine Rezepte sind nicht übermäßig süß, aber es kann natürlich jederzeit nach Geschmack und Bedarf nachgesüßt werden. Wer sein Granola gerne etwas stückiger mag, sollte vorm Backen ein Eiweiß unter die Mischung rühren. Bei der Granola-Produktion muss man einfach ein bisschen herumexperimentieren!

HIER EIN GRUNDREZEPT, DAS ICH OFT VERWENDE (ERGIBT 8 BIS 10 PORTIONEN):

480 g kernige Haferflocken
120 g gehackte Nüsse, Kerne oder Samen
30 g getrocknete Früchte
125 g Fruchtpüree
(z. B. Apfelmus oder pürierte Banane)
2 EL neutrales Öl (z. B. Raps- oder Kokosnussöl)
80 g Honig oder Ahornsirup

❶ Den Backofen auf 175 Grad vorheizen. Haferflocken, Nüsse, Kerne und Samen in einer Schale vermischen.

❷ Fruchtpüree, Öl und Honig/Ahornsirup gründlich miteinander verschlagen.

❸ Nun trockene und feuchte Zutaten vermischen und gleichmäßig auf einem mit Backpapier ausgelegten Blech verteilen.

❹ Das Ganze 20 bis 30 Minuten backen, abhängig von dem jeweiligen Ofen. Die Masse gut beobachten und regelmäßig wenden, damit sie gleichmäßig gebacken wird. Wenn alles eine leicht goldene Färbung annimmt, ist es fertig.

❺ Das Blech aus dem Ofen nehmen und die Trockenfrüchte unterrühren. Nach dem Abkühlen in einer luftdichten Box oder einem Glas aufbewahren. Hält sich ungefähr einen Monat.

**SCHMECKT AUCH
IN ANDEREN
GESCHMACKSRICHTUNGEN:**

- Pürierte Bananen, Pekannüsse
- Apfelmus, Walnüsse, Rosinen, Zimt
- Pürierte Heidelbeeren, Mandeln,
  Kokosraspeln, Kardamom
- Pürierte Erdbeeren, Macadamianüsse,
  Leinsamen, Vanille
- Erdnussbutter,
  Sonnenblumenkerne

Schnelle Frühstücksbrötchen à la IdaFrosk

Diese selbst gemachten Brötchen sind eine schnelle und einfache Lösung bei leerem Brotkasten, und sie sind oberlecker! Dieses Rezept ist gesund und figurfreundlich, weil der Teig kaum Kalorien hat – außerdem lassen sich daraus gut alle möglichen Figuren formen.

GRUNDREZEPT (FÜR 1-2 PERSONEN):

60 g feines Vollkornmehl
80 g kernige Haferflocken
1,5 TL Backpulver
½ TL Salz
1,5 TL Butter
160 g Quark oder Naturjoghurt
1 TL Honig

SCHMECKT AUCH
MIT ANDEREN ZUTATEN:
• Rosinen und Zimt
• Zitronenschale und Mohnsamen
• Himbeeren und weiße
Schokolade

❶ Den Backofen auf 175 Grad vorheizen. Mehl, Haferflocken, Backpulver und Salz in einer Schüssel mischen. Die Butter mit den Fingern unterkneten, bis ein krümeliger Teig entsteht.

❷ Den Honig in den Quark oder Joghurt einrühren und unter die trockenen Zutaten mischen. Nach Lust und Laune mit anderen Zutaten ergänzen, zum Beispiel mit gehackten Mandeln oder getrockneten Aprikosen.

❸ Das Ganze behutsam zu einem festen Teig verkneten, dann nach Belieben formen (in Kreise, Dreiecke oder etwas anderes).

❹ 15 bis 20 Minuten goldbraun backen. Auf einem Rost leicht abkühlen lassen und mit Käse oder Marmelade servieren. Diese Brötchen schmecken frisch am besten.

Nussbutter

Ein pfiffiger Aufstrich mit Proteinen, gesunden Fetten, Vitaminen und Mineralien, die dem Körper guttun. Für Nussbutter werden Nüsse so lange in der Küchenmaschine verarbeitet, bis ihre natürlichen Öle freigesetzt sind. Für die Butter eignen sich alle Nusssorten, besonders beliebt sind Erdnüsse, Mandeln und Cashewnüsse. Je höher der Fettgehalt der Nüsse, desto schneller lässt sich die Nussbutter herstellen.

FÜR EIN KLEINES GLAS BRAUCHT MAN NICHTS ALS:

300 g ungesalzene Nüsse
½ TL Salz
Nach Geschmack: Öl, natürliche Süßungsmittel,
Vanille, Gewürze, Schokolade

SCHMECKT IN ALLEN MÖGLICHEN GESCHMACKSRICHTUNGEN:
• Cashewbutter mit Vanille
• Mandelbutter mit etwas Ahornsirup und Zimt
• Haselnussbutter mit Schokolade
• Erdnussbutter mit Honig
• Pistazienbutter mit Kokos
• Pekannussbutter mit Meersalz

❶ Wer lieber geröstete Nüsse mag, gibt sie vorher auf einem Backblech bei 175 Grad etwa 10 Minuten in den Ofen, bis sie zu duften beginnen und Farbe annehmen.

❷ Die Nüsse mit dem Salz in die Küchenmaschine geben und verarbeiten, bis die Masse die Konsistenz von Butter hat. Abhängig von der Nusssorte und der Qualität der Küchenmaschine dauert das zwischen 5 und 30 Minuten. Zwischendurch immer wieder das Gerät ausschalten und die Masse von den Seiten schaben. Wem das Ganze zu lange dauert, kann etwas Öl zugießen (am besten Rapsöl).

Obst und Gemüse

Erdbeer-Rotkäppchen im Wald

#Erdbeeren #Joghurt #Trockenpflaume #Kiwi #Mandeln #Heidelbeeren
ZEIT: 10 MINUTEN

Für das Märchen von Rotkäppchen und dem Wolf habe ich die leckersten aller roten Beeren genommen, nämlich Erdbeeren! Die Beerenform sieht aus wie ein Körper, und mit ein paar Kiwistreifen und Joghurttupfern wird er lebendig. Aber aufgepasst, hinter dem Baum lauert der Pflaumen-Wolf!

❶ Eine Erdbeere längs halbieren. In die eine Hälfte mittig ein Loch schneiden und mit Joghurt füllen. Mit winzigen Trockenpflaumen- und Erdbeerstückchen lässt sich das Gesicht gestalten. Jetzt die beiden Erdbeerhälften zum Rotkäppchen zusammensetzen. Der Korb und Rotkäppchens schicke Schuhe sind ebenfalls aus Erdbeerstückchen.

❷ Für die Arme und Beine des Rotkäppchens, die Blätter und das Haus der Großmutter die Kiwi schälen und das äußere grüne Fruchtfleisch abschneiden. Danach das Innere der Kiwi in Streifen schneiden und zu einem Baum zusammensetzen. Alles zusammen auf einem Teller dekorieren.

❸ Jetzt können nach Belieben Details hinzugefügt werden. Ich habe hier einen Weg aus Mandelblättchen gelegt und außerdem Erdbeerpilze und Heidelbeeren wachsen lassen. Schnell verputzen, bevor der Wolf kommt und alles wegfrisst!

Das schwarze Schaf der Beerenfamilie

#Brombeeren #griechischer Joghurt #Kiwi #Kokoschips #Granola
ZEIT: 5 MINUTEN

Die schönen, nährstoffreichen Brombeeren rufen bei mir alle möglichen Assoziationen wach. Sie können zu einer Gewitterwolke werden, zu krausem Haar oder einem Schafspelz. Englisch heißen sie blackberries, was mich auf die Idee mit dem schwarzen Schaf gebracht hat.

❶ Die Brombeeren zu einem Schafskörper zusammenlegen.

❷ Kopf und Beine sind aus dickem griechischem Joghurt geformt, die Hufe aus kleinen Brombeerstücken.

❸ Den Hintergrund bildet eine Landschaft mit Kiwisonne und einer Weide aus Kokoschips und Granola.

Ganz weit OBEN!

Pfannkuchen oder Brot #Marmelade #Joghurt #Mandelstifte
#rote und grüne Trauben #Physalis
ZEIT: 10 MINUTEN

In dem Animationsfilm „Oben" befestigt der mürrische alte Carl, ein pensionierter Ballon-verkäufer, Tausende von Ballons an seinem Haus und entschwebt auf eine abenteuerliche Reise Richtung Amazonas. Trauben haben mich schon immer an Ballons erinnert, und hier braucht man ordentlich viele davon.

❶ Für das Haus einen Minipfannkuchen backen oder eine Scheibe Brot in Form schneiden.

❷ Nach Geschmack mit verschiedenfarbigen Marmeladen, Joghurt und Mandelstiften dekorieren.

❸ Rote und grüne Trauben und Physalis halbieren. Alles auf einem Teller anrichten – und davonfliegen!

Stolz wie ein falscher Pfau

#Birne #Joghurt #getrocknete Heidelbeeren #rote und grüne Trauben
#Clementine #Banane #Granatapfel
ZEIT: 10 MINUTEN

Das Federkleid des Pfaus ist das reinste Farbfeuerwerk. Er liebt es, sich in all seiner Pracht zu zeigen. Eine halbe Birne und buntes Obst für das Pfauenrad ist alles, was man braucht, um diesen prachtvollen Vogel auf einem ebenso spektakulären Obstteller nachzubilden.

❶ Eine Birne längs halbieren und eine Hälfte mit der Schnittseite nach unten auf einen Teller legen.

❷ Mit einem Klecks Joghurt und getrockneten Heidelbeeren bekommt der Pfau Augen, für den Schnabel und die Beine nimmt man rote Traubenschnitze.

❸ Je nach Jahreszeit und Geschmack Früchte auswählen, um den Teller zu füllen. Ich habe Clementinenspalten, grüne Trauben, Bananenscheiben und Granatapfelkerne genommen – und bin auf diesen Teller ziemlich stolz ...

Die Natur spielt mit der Natur
(und ich spiele mit)

#Birne #Hüttenkäse #Rosinen #Clementine #Trauben #Banane #Kokosflocken
ZEIT: 15 MINUTEN

In der Obst- und Gemüseabteilung kann man eine Menge lustiger Wesen entdecken, wenn man die Augen offen hält. Es gibt beispielsweise mehr Birnenpinguine, als man für möglich halten möchte. Mit wenig Aufwand steht der Pinguin mitten in der Antarktis, wo er sich am wohlsten fühlt.

❶ Man sucht eine pinguinförmige Birne und schneidet für den Bauch ein ovales Stück Schale heraus. Am oberen Ende zwei Löcher für die Augen aushöhlen und mit Hüttenkäse und einer kleinen Rosine füllen.

❷ Zwei Clementinenspalten häuten und als Füße unter die Birne legen.

❸ Im Hüttenkäseschnee tummeln sich Traubenfische und Schneebälle, für die Bananenstücke in Kokosflocken gewälzt werden.

Marienkäfer, mein Glückskäfer

#Cracker #Frischkäse #Gurke #Kirschtomaten #schwarze Oliven
#Zuckerschoten #rote Paprika #Karotte
ZEIT: 10 MINUTEN

Diese Marienkäferwiese ist ein einfach zubereiteter und witziger Rohkostsnack.
Kirschtomaten und Oliven verwandeln sich in hübsche Marienkäfer auf einer Wiese
mit Gemüseblumen.

❶ Cracker mit Frischkäse bestreichen und je einer Gurkenscheibe belegen.

❷ Eine Kirschtomate halbieren und in beide Hälften mittig eine Kerbe schneiden (siehe
Foto). Auf den Cracker setzen. Eine schwarze Olive vierteln und ein Viertel als Kopf an die
halbe Tomate legen. Die restliche Olive in kleine Würfel schneiden und als Punkte auf dem
Marienkäfer verteilen.

❸ Aus Gurke, Zuckerschoten, Paprika und Karotte eine Blumenwiese sprießen lassen.

Ode an Regentage

#Apfel #Zitrone #Brombeeren #rote Johannisbeeren
ZEIT: 5 MINUTEN

Verregnete Tage kriegen einen Frischekick durch eine ordentliche Portion Beeren. „Food Art" ist ein netter Zeitvertreib, wenn man zuhause festsitzt und einem die Decke auf den Kopf fällt. Wer keine Lust hat, mit einem echten Regenschirm nach draußen zu gehen, macht sich eben einen aus einem Apfel!

❶ Apfel halbieren. Mit einem scharfen Messer vertikal dünne Schnitte in die Schale der Apfelhälfte ritzen. Jetzt vorsichtig die Messerspitze unter die Schale schieben und so abziehen, dass der Regenschirm weiße Streifen bekommt. Damit das Fruchtfleisch nicht braun wird, schnell mit etwas Zitronensaft beträufeln.

❷ Am oberen Tellerrand eine dunkle Brombeerwolke platzieren.

❸ Den Regenschirm darunter legen und rote Johannisbeeren darauf regnen lassen!

Regenbogen zum Aufessen

#Erdbeeren #Johannisbeeren #Aprikose #Nektarine #Kiwi
#Heidelbeeren #Trauben #Joghurt
ZEIT: 15 MINUTEN

Hier geht es wirklich: den Regenbogen essen! Ich kann nicht versprechen, dass an seinen Enden Gold zu finden ist – aber auf jeden Fall schmeckt er herrlich. Die Früchte sollten alle sieben Farben des Regenbogens haben und werden, falls möglich, im korrekten Farbspektrum aufgelegt: Rot, Orange, Gelb, Grün, Blau, Indigo und Violett.

❶ Das Obst so klein schneiden, dass es sich in Bogenform legen lässt.

❷ Alles auf einem Teller anrichten.

❸ Zum Schluss noch ein paar Joghurtwolken dazuklacksen und den farbenfrohen Anblick genießen.

Erdbeernikolos zu Besuch

#Erdbeeren #griechischer Joghurt #Rosinen
ZEIT: 5 MINUTEN

Auch wenn im Winter nicht gerade Erdbeerzeit ist: Erdbeernikoläuse sind im angloamerika-nischen Raum ein Weihnachtsklassiker. Ich habe mich für eine gesunde Version entschie-den. Falls die Erdbeernikolos als Dessert geplant sind, kann man den Joghurt durch luftige Sahne mit Vanillezucker ersetzen und die Augen aus kleinen Schokosplittern machen. Mmh.

❶ Die Stängelansätze der Erdbeeren entfernen und flach abschneiden, damit sie stehen können. Dann das obere Drittel, die Spitze, abschneiden – das wird die Mütze.

❷ Dicken griechischen Joghurt auf die Schnittflächen spritzen und die Mützen daraufsetzen. Abschließend einen kleinen Joghurtbommel auf die Spitze drücken.

❸ Rosinen in kleine Stückchen schneiden und als Augen dekorieren.

Willkommen bei Banana-Airlines!

#Banane #Rosinen #Hüttenkäse

ZEIT: 5 MINUTEN

Ein Freund meinte, mit diesen technischen Mängeln könnte das Flugzeug unmöglich fliegen – schließlich würde ihm die Heckflosse fehlen. Und ich dachte, das Hinderlichste wäre wohl die Tatsache, dass es sich um eine Banane handelt. Wie man sich doch irren kann!

❶ Eine Banane der Länge nach halbieren. Eine Hälfte in der Mitte durchschneiden und als Flügel verwenden.

❷ Rosinen in kleine Vierecke schneiden und als Fenster auf den Bananenflieger legen.

❸ Mit Hüttenkäsewolken dekorieren. Guten Flug!

Wasser wohl denkt?

#Orange #getrocknete Heidelbeeren #Sternfrucht #Litschis #Physalis
ZEIT: 10 MINUTEN

Geheimnisvolle Meereswesen haben irgendwie eine Menge gemein mit tropischen Früchten – zum Beispiel Stachelhaut, weiche Tentakel oder knallige Farben. Hier schwimmt eine Quallenfamilie inmitten von Seesternfrüchten und Litschi-Anemonen.

❶ Eine Orange halbieren und die Schale mit einem Messer entfernen. Die Spalten der einen Hälfte filetieren und mit der anderen Orangenhälfte auf einem Teller anrichten, wie auf dem Foto zu sehen. Den Mund und das Weiße der Augen kann man aus der weißen Schicht der Orangenschale ausschneiden, die Pupillen sind getrocknete Heidelbeeren.

❷ Die Sternfrucht in Scheiben zu Seesternen schneiden und die Litschis zu Anemonen halbieren.

❸ Die Physalis zu kleinen Quallen falten und mit Heidelbeeraugen versehen.

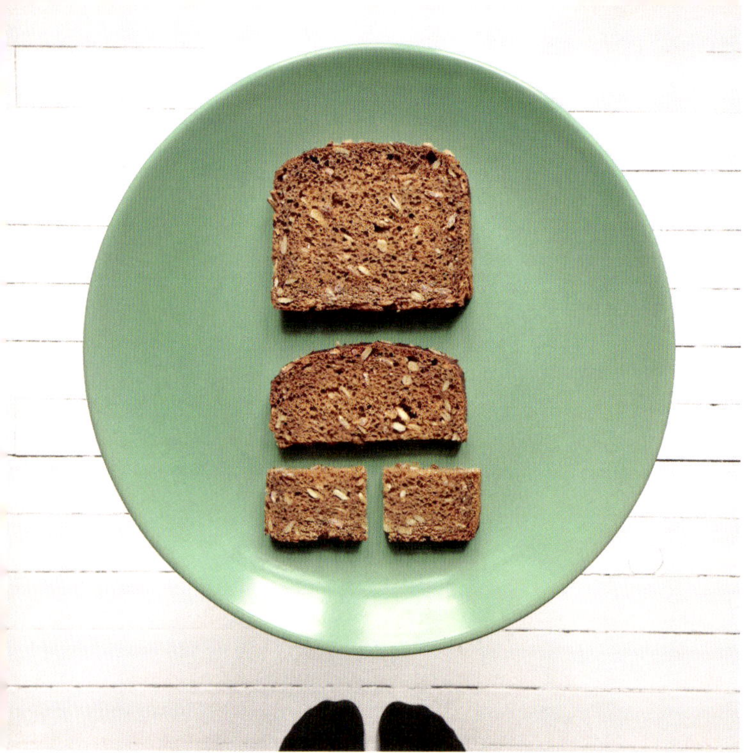
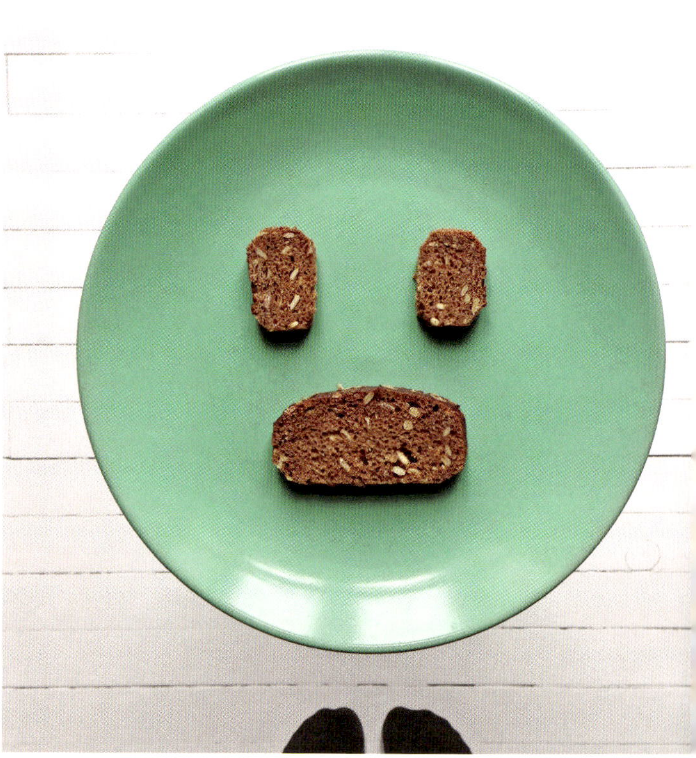
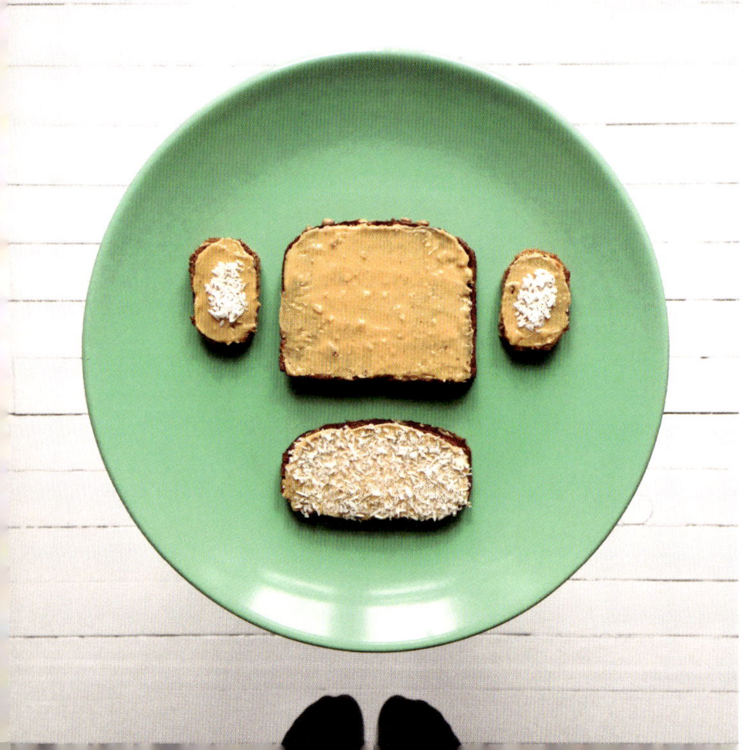
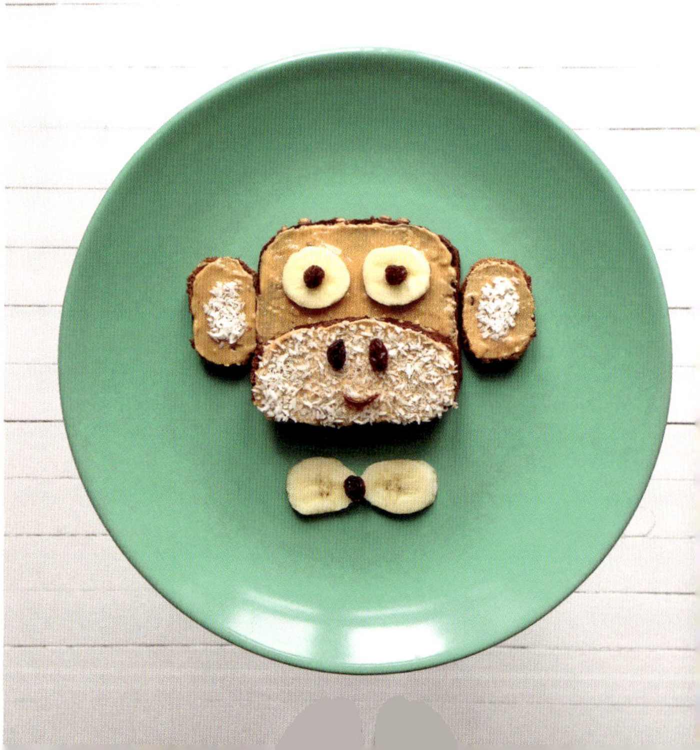

Bunte Brote

Leckeres Selbstporträt

#Vollkornbrot #Frischkäse #Cheddar #Butterkäse #getrocknete Heidelbeeren
#Radieschen #Gurke

ZEIT: 15 MINUTEN

Dies ist mein Selbstporträt, mit viel Käse und ein paar Geistesblitzen gemacht. Ich steh draußen im Gurkenwald und wünsche einen schönen Tag. Jeder kann sein eigenes Porträt machen und sich entscheiden, aus welchen leckeren Dingen er besteht.

❶ Aus einer Scheibe Brot Kopf, Hals und Oberkörper ausschneiden und mit Frischkäse bestreichen. Ich habe Frischkäse naturell genommen und für das Lilagrau des Pullis ein bisschen davon mit Tapenade (schwarzer Olivenpaste) vermischt.

❷ Nun eine Cheddar-Frisur und Cheddar-Bleistifte für das Muster des Pullovers zuschneiden und auf das Brot legen. Nase und Augen sind aus Butterkäse, die Augen mit getrockneten Heidelbeeren belegt, Mund und rote Wangen aus Radieschenschale. Die Bleistiftspitzen sind aus Butterkäseecken und Mini-Stückchen getrockneter Heidelbeeren.

❸ Das Ganze mit Gurkenbäumen schmücken und mit einer Glühbirne aus weiteren Käsestücken beleuchten.

Alles Liebe zum Valentinstag, ihr Turteltauben!

#Vollkornbrot #Frischkäse #Erdbeeren #Orange #Kiwi
#Granatapfelkerne #getrocknete Heidelbeeren
ZEIT: 15 MINUTEN

Feier den Tag der Liebe am 14. Februar mit einem extra leckeren Frühstück für dein Herzblatt. Die Turteltauben sind ein bekanntes Symbol für Verliebte, hier mal liebevoll aus zwei Toasts geformt. Die Vögel sind die beiden Hälften eines Herzens.

❶ Mit einer herzförmigen Ausstechform oder in Handarbeit ein Herz aus einer Scheibe Brot schneiden. Das Herz in der Mitte so teilen, dass die beiden Vögel daraus werden.

❷ Die Brotvögel mit einem Aufstrich nach Wahl bestreichen – ich habe mich für Frischkäse mit Pfeffer entschieden.

❸ Eine Erdbeere längs in Scheiben schneiden und für die Flügel und das Herz über den beiden Turteltauben verwenden. Schnabel und Beine schnitzt man aus einer Orange, die knospenden Zweige sind Kiwistreifen mit Granatapfelkernen, und die Augen der Vögel bestehen aus getrockneten Heidelbeeren.

Der Eiffelturm in Paris, Frankreich
(French-Toast-Version)

#Toastbrot #Ei #Milch #Joghurt #Apfel #Erdbeermarmelade
ZEIT: 15 MINUTEN

Der Eiffelturm wurde zur Weltausstellung in Paris 1889 gebaut. Mit Antenne ragt er rund 325 Meter in die Luft. Diese etwas kleinere Version habe ich natürlich mit „French Toast" zubereitet, bei uns bekannt als „Arme Ritter".

❶ Für den Turm ein großes A aus einer Scheibe Toastbrot schneiden. Ein Ei, 2 EL Milch und etwas Süße oder Salz verqirlen (reicht für zwei Scheiben). Das A in der Mischung wenden und von beiden Seiten gut vollsaugen lassen. In einer heißen Bratpfanne goldbraun backen.

❷ Das A auf einen Teller legen und mit Joghurt im charakteristischen Rautenmuster dekorieren. Eine kleine Flagge aus Apfelstückchen flattert auf der Spitze des Eiffelturms.

❸ Den Teller mit Herzen und einem Kussmund aus Erdbeermarmelade verzieren.

Das Opernhaus von Sydney, Australien
(Macadamia- und Apfel-Version)

#Vollkornbrot #Macadamiabutter #Granny-Smith-Apfel
#rote Trauben #Kokoschips #Papaya
ZEIT: 10 MINUTEN

Der dänische Architekt Jørn Utzon hat das Opernhaus von Sydney entworfen. Es wurde 1973 eröffnet und ist eine wichtige Arena für Konzerte und andere Veranstaltungen, nicht nur Opern. Der Belag war klar: Der Granny-Smith-Apfel stammt ursprünglich aus Australien und Macadamianüsse sind ein großer Exportschlager des Kontinents. Abgesehen davon schmeckt beides wunderbar und sieht toll aus!

❶ Toast mit Macadamiabutter oder einem anderen hellen Aufstrich bestreichen. Den grünen Apfel in dünne Spalten schneiden und auffächern.

❷ Die Segelboote aus roten Trauben und Kokoschips basteln.

❸ Vom Himmel scheint eine Sonne aus einer halben Macadamianuss und Papayastiften (oder was immer zur Hand ist).

Das Brandenburger Tor in Berlin, Deutschland
(Brotzeit-Version)

Vollkornbrot # Gurke # Butterkäse mit Kümmel
ZEIT: 15 MINUTEN

Das Brandenburger Tor wurde zwischen 1788 und 1791 im frühklassizistischen Stil errichtet. Es stand an der Grenze von West- und Ostberlin, und als die Berliner Mauer fiel, wurde es zum Symbol für die deutsche Wiedervereinigung und das vereinte Europa. Hier kommt es in einer herzhaften Version, als traditionell deutsche „Brotzeit".

❶ Das Brot in Form des Brandenburger Tors bringen, indem an einer Seite fünf dünne Streifen herausgeschnitten werden. Eines der herausgeschnittenen Teile oben aufs Tor legen.

❷ Die Quadriga (den Streitwagen mit Pferden und der Siegesgöttin) aus Gurkenschalen herausschnitzen.

❸ Den Platz vor dem Tor aus dem Butterkäse zuschneiden.

Big Ben in London, England
(Gurkensandwich-Version)

#Baguettebrötchen #Frischkäse #Cheddar #Gurke #rote Paprika #schwarze Oliven
ZEIT: 15 MINUTEN

Auf diesem Teller treffen britische Teatime-Tradition und eine bekannte London-Ikone aufeinander, der Glockenturm des Palace of Westminster, genannt Big Ben. Die Uhr wurde 1959 installiert. Bei der Wahl der Zutaten war meine Inspirationsquelle das traditionelle Gurkensandwich.

❶ Baguettebrötchen halbieren und in Form schneiden. Mit Frischkäse bestreichen und mit dem Messer die Streifen hineinziehen. Dach und Fenster aus Cheddarscheiben zuschneiden und auflegen.

❷ Das Ziffernblatt aus einer Gurkenscheibe und kleinen schwarzen Olivenstückchen basteln.

❸ Der Doppeldeckerbus und der Wachsoldat werden aus roter Paprika mit Frischkäse und schwarzen Oliven gestaltet.

Eine Kuh mach Muh, viele Kühe machen Mühe!

#Vollkornbrötchen #Braunkäse #Butterkäse #rote Trauben #Heidelbeeren
#Kirschtomaten #Zuckerschoten #getrocknete Aprikose
ZEIT: 10 MINUTEN

Ich bin auf einem Hof mit Milchkühen aufgewachsen, daher mag ich Kühe – auch wenn ich mich bei ihrer Versorgung nicht als die Eifrigste hervorgetan habe. Die Kombination aus Braunkäse und Butterkäse ist übrigens erstaunlich lecker und sehr zu empfehlen!

❶ Brötchen halbieren und am oberen Rand ein Stück so herausschneiden, dass zwei spitze Ohren entstehen.

❷ Mit einer Scheibe Braunkäse Gesicht auflegen und vier Stückchen für die Ohren und zwei Hörner zuschneiden. Mit Hilfe einer Schere oder eines Messers aus dem Butterkäse ein Oval fürs Maul und kleine Stücke für die Flecken, das Haarbüschel und die Augen ausschneiden.

❸ Für die Nüstern eine rote Traube halbieren und ebenfalls aus einer Traube kleine Stückchen für die Zunge und die Ohrmuscheln ausschneiden. Zwei Heidelbeeren sind die Augen, Zuckerschoten und Kirschtomaten werden zu Blumen. Und über allem strahlt eine Sonne aus getrockneter Aprikose.

Keine harte Nuss fürs Eichhörnchen!

#schnelle Frühstücksbrötchen #Schokoaufstrich #Joghurt #getrocknete Heidelbeeren
#Mandelblättchen #ungeschälte Mandeln #Erdbeeren #getrocknete Aprikosen
ZEIT: 15 MINUTEN (NACH DEM BACKEN)

Selbst gebackene, individuell geformte Brötchen sind eine leckere Ausgangsbasis für jede
Menge Kunstwerke. Dieses Eichhörnchen ist mit Nüssen in allen möglichen Varianten dekoriert, weil Nüsse Eichhörnchens Lieblingsfutter sind. Der Schwanz wird durch Mandelblättchen schön „buschig".

❶ Schnelle Frühstücksbrötchen in Eichhörnchenform backen (siehe Seite 21) und halbieren.

❷ Dick mit Schokoaufstrich bestreichen. Joghurt für den Bauch, die Schnauze, die Augen
und die Ohrmuschel auftragen. Ein kleines Stückchen getrocknete Heidelbeere (oder
Rosine) auf den Joghurtaugapfel drücken. Mandelblättchen so in den Schwanz stecken,
dass er buschig wird.

❸ Jetzt einen Teller mit Mandeln als Boden auslegen, das Eichhörnchen darauf platzieren,
ihm eine halbe Erdbeere in die Pfoten drücken und es von einer Aprikosensonne beschei-
nen lassen.

Bambis entfernte Verwandte

#schnelle Frühstücksbrötchen #Erdnussbutter #Schokoaufstrich #Joghurt
#Banane #getrocknete Heidelbeeren #getrocknete Aprikose #Trockenpflaume
#Sonnenblumenkerne #Clementine
ZEIT: 15 MINUTEN (NACH DEM BACKEN)

Wer einmal Bambi im Disneyfilm hilflos übers Eis schlittern sah, weiß, dass es quasi die Definition von „süß" ist, darum schien mir diese süße Kombination von Aufstrichen passend: Schokoaufstrich und Erdnussbutter. Das sieht nicht nur hübsch aus, sondern schmeckt auch noch fantastisch.

❶ Brötchen in Rehform backen (siehe Seite 21). Alternativ aus einer Brotscheibe oder einem Pfannkuchen zuschneiden. Die Erdnussbutter zuerst, dann den Schokoaufstrich auftragen. Die weißen Joghurtdetails an Ohren, Schnauze und Schwanz mit einem kleinen Löffel dekorieren oder aufspritzen.

❷ Die Augen sind zwei Bananenscheiben mit Joghurtklecksen, darauf zwei von Heidelbeeren gekrönte Aprikosenkreise. Als Schnauze kann man ein kleines Stück Trockenpflaume nehmen. Mit Sonnenblumenkernen kriegt man die charakteristischen Flecken auf das Rückenfell des Kitzes.

❸ Zwei Clementinenspalten schälen, zu einem Schmetterling zusammenlegen und mit Heidelbeerfühlern verzieren.

Supersüßer Bär

#Vollkorn-Toastbrötchen #Honig #Banane #Korinthen
ZEIT: 5 MINUTEN

Obwohl in Deutschland heute keine Bären mehr in der freien Wildbahn leben, sind sie im Alltag noch sehr präsent: Es gibt den Berliner Bären, die Gummibärchen und die Teddybären von Steiff – kein Zweifel, Bären sind in Deutschland sehr beliebt (wenn es sich nicht gerade um „Problembären" handelt). Und mindestens genauso beliebt ist Honig. Dieses Frühstücksbrötchen ist die perfekte Kombination aus beiden Vorlieben ...

❶ Vollkornbrötchen halbieren und toasten. Dick mit leckerem Honig bestreichen.

❷ Banane in Scheiben schneiden. Eine Bananenscheibe halbieren und daraus die Ohren formen. Schnauze, Pfoten und Schleife bestehen aus sieben weiteren Bananenscheiben.

❸ Augen, Nase und der Knoten der Schleife sind aus Korinthen, das Mäulchen aus fein geschnittenen Korinthenstücken.

Zieht euch schon mal warm an!

#schnelle Frühstücksbrötchen #Marmelade nach Wahl #griechischer Joghurt
#Grapefruit #Heidelbeeren
ZEIT: 10 MINUTEN

Der Winter in Norwegen kann sehr lang, grau und kalt sein. Da wärmt man sich dann besonders gern an frisch gebackenen Brötchen und einer Tasse dampfend heißem Tee. Günstigerweise ist diese Jahreszeit die beste für Zitrusfrüchte mit ihrem nützlichen Vitamin-C-Gehalt.

❶ Brötchen in Fäustlingform backen – alternativ aus einer Scheibe Brot oder einem Pfann- kuchen ausschneiden.

❷ Großzügig mit der Lieblingsmarmelade bestreichen und eine Joghurtverzierung aufspritzen.

❸ Für die Mütze eine Grapefruitscheibe halbieren und mit einer Heidelbeere als Bommel verzieren.

Futter für den Panda (und dich)

#Vollkornbrot #Frischkäse #Trockenpflaumen #getrocknete Heidelbeeren
#Gurke #Stangensellerie

ZEIT: 10 MINUTEN

Pandas verputzen unglaubliche Mengen Bambus, zwischen 9 und 14 Kilo pro Tag.
Sie könnten ein tolles Vorbild sein, selber mehr Grünzeug zu essen, oder nicht? Dieser
Panda bekommt als Ersatz für Bambus Stangensellerie und Gurke.

❶ Brot mit Frischkäse bestreichen. Zwei etwa gleich große Trockenpflaumen platt drücken
und als Ohren auflegen.

❷ Für die Augen und den Mund ebenfalls Trockenpflaumen zuschneiden. Zwei Kleckse
Frischkäse als Augapfel auftragen und mit getrockneten Heidelbeeren dekorieren.

❸ Aus Gurkenscheiben Sterne ausstechen und Selleriestangen als Bambus dazulegen.

Die Prinzessin auf der Zuckererbse

#Vollkornbrot #Butterkäse #Brie #rote und gelbe Paprika #Salatherz
#Stangensellerie #Zuckererbsen
ZEIT: 15 MINUTEN

Wer hat nicht schon schlaflose Nächte erlebt? Da ist es schön, wenn man etwas hat, dem man die Schuld daran geben kann. Und es gibt Schlimmeres, als dafür morgens zur Prinzessin ausgerufen zu werden. Diese Prinzessin liegt auf einer besonders leckeren Zuckererbse.

❶ Den Butterkäse und Brie in Streifen schneiden und als Matratzen auf die Brotscheibe legen. Den oberen Teil des Brotes, wo die Prinzessin liegen soll, frei lassen.

❷ Nun das Gesicht der Prinzessin aus Butterkäse zuschneiden, dann den Mund aus roter, das Haar und die Krone aus gelber Paprika.

❸ Ein junges Salatblatt macht sich gut als Daunenbett und Stangensellerie als Bettpfosten. Zum Schluss eine Zuckerschote längs öffnen und die Hälfte mit den Erbsen unter das Bett legen.

Heiliges Frühstück, Batman!

#Vollkornbrötchen #Heidelbeermarmelade #Mandelblättchen #getrocknete Aprikose
ZEIT: 5 MINUTEN

Batman ist einer der klassischen Superhelden, ein gewöhnlicher Mann in einem ungewöhn-lichen Kostüm, der in einer ungerechten Welt für Gerechtigkeit kämpft. Seine ikonische Silhouette lässt sich leicht aus einer Brotscheibe ausschneiden. Wer davon nicht satt wird, macht sich einfach noch einen Robin dazu.

❶ Brötchen halbieren und am oberen Rand ein Stück so herausschneiden, dass Batmans typische, nach innen gebogene Ohren entstehen.

❷ Mit Heidelbeermarmelade (oder mit Schokoaufstrich) bestreichen. Die Mundpartie in der unteren Gesichtshälfte bleibt frei (siehe Bild). Zwei gleich große Mandelblättchen als Augen und einen Mandelstift als Mund auflegen.

❸ Als Krönung mit einer Schere oder einem Messer das Batman-Symbol aus einer platt gedrückten getrockneten Aprikose ausschneiden.

Geht ab wie eine Rakete!

#schnelle Frühstücksbrötchen #Frischkäse #gelbe Paprika #Kirschtomate
#Gurke #Babybel-Käse #Grapefruit
ZEIT: 5 MINUTEN (NACH DEM BACKEN)

Dieser Teller entführt uns auf eine Reise in den Weltraum, in einer leckeren Rakete, die auf einen Käsemond, eine Grapefruitsonne und schwarze Kaffeelöcher zusteuert.

❶ Brötchen in dreieckiger Raketenform mit kleinen Tragflächen backen (siehe Seite 21), abkühlen lassen und vorsichtig aufschneiden. Alternativ kann man auch eine Brotscheibe entsprechend zuschneiden.

❷ Die Scheibe mit Frischkäse bestreichen und mit Streifen gelber Paprika, einer Kirschtomate und einem Gurkendreieck als Spitze dekorieren.

❸ Für den Sternenhimmel Gurkenscheiben mit einem Stern-Ausstecher ausstechen. Der Mond ist ein kleiner Babybel-Käse, die Sonne eine halbierte Grapefruit. Nun noch einen sehr schwarzen Kaffee in die Tasse gießen, fertig ist das schwarze Loch.

Für alle Katzenfans: Frühstück auf leisen Pfoten

#Vollkornbrot #Erdnussbutter #Banane #Mandelblättchen #Rosinen
#Kürbiskerne #rote Trauben #Granatapfelkerne
ZEIT: 5 MINUTEN

Die Menschheit wird in Katzen- oder Hundemenschen aufgeteilt, je nachdem, welchem Tier sie den Vorzug geben. Ich bin definitiv ein Katzenmensch, und dieses Katzenbrötchen ist meine Huldigung an alle maunzenden Vierfüßler.

❶ Am oberen Rand der Brotscheibe ein Stück so ausschneiden, dass die Katzenohren entstehen. Brot mit Erdnussbutter bestreichen.

❷ Zwei Bananenscheiben im unteren Teil auflegen und beidseitig drei Mandelblättchen hineinstecken (siehe Bild). Zwei Rosinen platt drücken, sie als Augen auflegen und mit zwei Kürbiskernen den typischen Katzenblick erzeugen.

❸ Für Ohren, Schnauze und Zunge kleine Dreiecke aus einer roten Traube schneiden. Die Katzenpfoten aus halben Trauben und je vier Granatapfelkernen dekorieren.

Elch vor Sonnenuntergang

#Vollkornbrot #Erdnussbutter #getrocknete und frische Heidelbeeren
#Sonnenblumenkerne #Rosinen #Apfel #Kiwi #Orange
ZEIT: 10 MINUTEN

Der „Elch vor Sonnenuntergang" ist in Norwegen ein verbreitetes nationalromantisches Motiv. Ende der Siebziger hingen solche Bilder in vielen Wohnzimmern. Meine Version zeigt einen aus einer einzigen Scheibe Brot geschnittenen Elch mit Apfelschaufeln.

❶ Den Kopf des Elches aus der unteren Mitte der Brotscheibe ausschneiden. Dann die beiden stehen gebliebenen Seitenstücke links und rechts mit einem senkrechten Schnitt einschneiden, und schon hat man die vier Beine. Jetzt den Kopf seitlich an den Körper setzen und alle Teile mit Erdnussbutter bestreichen.

❷ Eine getrocknete Heidelbeere halbieren und als Augen auf den Kopf legen. Zwei Sonnenblumenkerne werden zu Nüstern und eine Rosine zum Schwanz. Eine Apfelscheibe der Länge nach halbieren und Zacken hineinschneiden – fertig sind die Elchschaufeln.

❸ Kiwi schälen, das äußere Fruchtfleisch abschneiden und Tannen ausschneiden. Mit frischen Heidelbeeren dekorieren, damit echtes Waldgefühl aufkommt. Der Sonnenuntergang besteht aus Orangen- und Apfelstückchen.

Ein schlauer Fuchs

#schnelle Frühstücksbrötchen #Joghurt #Erdbeermarmelade #getrocknete und frische Heidelbeeren #Trockenpflaume #Kiwi #Pflaume
ZEIT: 5 MINUTEN (NACH DEM BACKEN)

Füchse sind listige Geschöpfe, clever und ein bisschen unberechenbar – deswegen sprechen wir auch vom „schlauen Fuchs". Hier haben wir es mit einer freundlicheren Version des roten Waldräubers zu tun, sie besteht aus Brötchen mit einem appetitlichen Joghurt- und Marmeladenpelz.

❶ Aus Brötchenteig (siehe Seite 21) einen Fuchskopf und den buschigen Schwanz formen. Im Ofen backen und nach dem Abkühlen vorsichtig aufschneiden. Kopf und Schwanz können auch aus einer Brotscheibe oder einem Pfannkuchen ausgeschnitten werden.

❷ Gleichmäßig mit Erdbeermarmelade bestreichen. Wangen, Ohren und Schwanzspitze mit Joghurt dekorieren. Getrocknete Heidelbeeren (oder Rosinen) als Augen aufdrücken und ein Stück Trockenpflaume als Schnauze.

❸ Aus Kiwischeiben Tannen ausschneiden, Trockenpflaumenstreifen als Baumstämme nehmen und das Ganze für die Waldatmosphäre mit Heidelbeeren dekorieren.

Charlie Braunkäse

#Vollkornbrot #Braunkäse #Butterkäse #Trockenpflaumen oder #Datteln
ZEIT: 15 MINUTEN

Charlie Brown ist der etwas tollpatschige, unsichere Charakter aus der Zeichentrickserie „Die Peanuts". Er hat oft Pech, aber diese Braunkäse-Huldigung an ihn muntert ihn vielleicht ein bisschen auf. Auf ähnliche Weise kann man natürlich auch andere Comicfiguren herstellen.

❶ Man braucht etwa 1½ Scheiben Brot für Charlie Brown. Aus der ganzen Scheibe den Oberkörper mit einem Messer ausschneiden. Die seitlich abgeschnittenen Streifen können für Arme und Beine verwendet werden. Aus der halben Scheibe den runden Kopf und Hals ausschneiden.

❷ Entsprechende Stücke aus Braunkäse und Butterkäse ausschneiden und auflegen.

❸ Das Pullovermuster aus flach gedrückten Trockenpflaumen oder Datteln zuschneiden, ebenso die Details des Gesichts. Die Ponytolle ist aus Butterkäse. Charlie Brown auf einem Teller servieren: Mampf! Mampf!

Das Toast-Kunst-Projekt ist eine Serie von Nachbildungen bedeutender Werke bekannter Künstler, dabei dient eine Scheibe Toast oder anderes geröstetes Brot als Leinwand. Meine Idee war es, den Begriff „Food Art" einmal wörtlich zu nehmen – und dabei den Wunsch umzusetzen, große Kunst irgendwie zugänglicher zu machen.

Frida Kahlo: *Selbstporträt*

#Brot #Frischkäse #Butterkäse #Joghurt #Oliven #Erdbeere #Orange #Birne #Kiwi
ZEIT: 45 MINUTEN

Die mexikanische Künstlerin Frida Kahlo (1907 – 1954) ist besonders bekannt für ihre farbintensiven Selbstporträts mit vielen Elementen aus der Natur. Die Vorlage für diesen Kunst-Toast ist ein Gemälde von 1940 mit dem simplen Titel „Selbstporträt". Meine Version besteht aus Frisch- und Butterkäse; Gesicht, Haare und Haarschmuck sind aus Joghurt, Oliven, Erdbeere und Orange. Die Künstlerin trägt eine Bluse aus Birnenschale und steht in einem Kiwiwald.

Vincent van Gogh: *Sonnenblumen*

#Brot #Passionsfruchtaufstrich #Joghurt #Feige #getrocknete Aprikose #Rosinen
ZEIT: 30 MINUTEN

Vincent van Gogh (1853 – 1890) war ein niederländischer Maler und Vorreiter des Post-Impressionismus. Er ist bekannt für seine verführerischen Landschaftsbilder in intensiven, überbordenden Farben und für seine Sonnenblumenbilder. Dieser Kunst-Toast ist von den Werken seiner „Sonnenblumen"-Serie inspiriert, die er in Arles gemalt hat. Meine Sonnenblumen sind aus getrockneten Aprikosen und Rosinen, arrangiert in einer Feigenvase. Der Hintergrund besteht aus Joghurt und einem Passionsfruchtaufstrich.

Piet Mondrian:
Komposition mit Rot, Blau und Gelb

#Brot #Butterkäse #gelbe Paprika #Heidelbeeren
ZEIT: 10 MINUTEN

Piet Mondrian (1872 – 1944) war ein niederländischer Künstler, besonders bekannt für seine geometrischen Rastergemälde, in denen er neben Schwarz nur die Primärfarben Rot, Blau und Gelb einsetzte. Der Kunst-Toast ist diesen Kompositionen nachempfunden.

Mark Rothko: *Orange und Gelb*

#Brot #Orangenmarmelade #Kirschmarmelade #Passionsfruchtaufstrich
ZEIT: 5 MINUTEN

Mark Rothko (1903 – 1970) war ein amerikanischer Maler, der häufig dem abstrakten Expressionismus zugerechnet wird, obgleich er sich selbst gegen eine solche Einordnung sträubte. Seine Malerei ist von großen, einfarbigen Flächen geprägt, die ineinander übergehen. Diesen Effekt habe ich in meiner Version des Werkes „Orange und Gelb" von 1952 mit Marmeladen in unterschiedlichen Farbtönen wiederzugeben versucht.

Andy Warhol: *Bananen-Cover*

#Brot #Banane
ZEIT: 1 MINUTE

Der amerikanische Künstler Andy Warhol (1928 – 1987) war Mitbegründer und wichtigster Vertreter der sogenannten „Pop Art". Er spielte mit Elementen aus Werbung und Popkultur und hat u. a. Porträts von Marilyn Monroe und der norwegischen Königin Sonja geschaffen. Das Werk, auf das ich mich hier beziehe, ist ein berühmtes Plattencover, das Warhol für die Band The Velvet Underground & Nico entworfen hat. Darauf war eine tatsächlich schälbare Siebdruckbanane abgebildet, die im Nachhinein zu einem der bekanntesten Symbole der Pop Art wurde, gern und häufig in der „Street Art" wiederbelebt.

Pablo Picasso:
Marie-Thérèse, mit aufgestütztem Ellenbogen

#Brotscheibe #Butterkäse #gelbe Paprika #Tomate #Heidelbeere #Frischkäse
ZEIT: 30 MINUTEN

Pablo Picasso (1881 – 1973) war ein spanischer Künstler, der die moderne Malerei entscheidend geprägt hat. Zusammen mit Georges Braque begründete er den Kubismus. Er war enorm produktiv und schuf im Laufe seines Lebens rund 20.000 Werke. Dieser Kunst-Toast ist inspiriert von einem Porträt seiner Geliebten Marie-Thérèse Walter mit dem Titel „Marie-Thérèse, mit aufgestütztem Ellenbogen". Es ist eins von vielen surrealistischen Frauenporträts Picassos und wirkt in dieser Käse-Paprika-Version noch surrealer.

René Magritte: *Der Menschensohn*

#Brot #Butterkäse #Trockenpflaume #Apfel #Frischkäse
ZEIT: 20 MINUTEN

René Magritte (1898 – 1967) war ein belgischer Surrealist, bekannt für seine humorige und zum Nachdenken anregende Malerei. Dieser Kunst-Toast ist eine Nachbildung seines Selbstporträts mit dem Titel „Der Menschensohn", es zeigt einen Mann, dem ein grüner Apfel vor dem Gesicht hängt. Das Gemälde handelt von der in der Natur des Menschen liegenden Neugier, herauszufinden, was sich hinter den Dingen verbirgt – hier ist es jedenfalls nur Käse!

Edvard Munch: *Der Schrei*

#Brot #Frischkäse #Stangensellerie #Butterkäse #gelbe und rote Paprika #Oliven
ZEIT: 30 MINUTEN

Edvard Munch (1863 – 1944), norwegischer Maler und Grafiker, war ein früher Vertreter des Expressionismus und hatte 60 aktive Jahre als Künstler. „Der Schrei" ist eins seiner bekanntesten Gemälde, und es gibt unendlich viele Nachbildungen dieses Motivs. Aber keine aus Frischkäse, Sellerie und Paprika – bis jetzt.

Edvard Munch: *Madonna*

#Brot #Frischkäse #Butterkäse #Gurke #rote Paprika #schwarze Oliven
ZEIT: 30 MINUTEN

Dieser Kunst-Toast ist einem Gemälde des norwegischen Malers Edvard Munch
(1863 – 1944) nachgebildet: dem Bild „Madonna" oder „Liebendes Weib", wie es auch
genannt wurde. Die Frau in diesem Bild wurde auf viele verschiedene Weisen gedeutet,
als Maria, Jesu Mutter, aber auch als Femme fatale und Vampir. Meine Interpretation ist
ein bisschen anders: mit verführerischem Käse, Gurke und Oliven.

Edvard Munch: *Mädchen auf der Brücke*

#Brot #Braunkäse #Butterkäse #rote und gelbe Paprika #Oliven
ZEIT: 30 MINUTEN

Edvard Munch (1863 – 1944) hat die „Mädchen auf der Brücke" 1901 gemalt. Das Motiv stammt aus Åsgårdstrand im Osten Norwegens, wo Munch sich einige Jahre zuvor ein Haus gekauft hatte. Die mystischen Mädchen tragen Kleider und Hüte aus Käse und Paprika und stehen auf einer Brücke aus norwegischem Braunkäse. Im Hintergrund thront ein Herrenhaus aus Butterkäse und Oliven.

Henri Matisse: *Ikarus*

#Brot #Joghurt #Mohnsamen #getrocknete Aprikose #Trockenpflaume
#getrocknete Gojibeere
ZEIT: 30 MINUTEN

Henri Matisse (1869 – 1954) war ein französischer Maler, der besonders für seine Farb-
gebung und seinen heftigen Pinselstrich bekannt war. Dieser Kunst-Toast bildet sein Werk
„Ikarus" von 1944 nach. Matisse' ikonische Verwendung der Farbe Blau habe ich versucht
mit Mohnsamen wiederzugeben.

Salvador Dalí: *Die Beständigkeit der Erinnerung*

#Brot #Pesto #Butterkäse #Oliven #gelbe Paprika #Trockenpflaume
ZEIT: 30 MINUTEN

Der spanische Künstler Salvador Dalí (1904 – 1989) war ein berühmter surrealistischer Maler, und seine „schmelzenden Uhren" haben heute Kultstatus. Um das Schmelzen zu illustrieren, habe ich zwei Versionen dieses Kunst-Toasts gemacht, eines vor und eines nach dem Backen. Hier ist die Version davor.

Claude Monet: *Seerosen*

#Brot #Pistazienbutter #grüner Apfel #Kiwi
ZEIT: 20 MINUTEN

Claude Monet (1840 – 1926) war ein französischer Impressionist. Er ist besonders bekannt für seine umwerfenden Landschaftsbilder und seine Seerosen-Serie. Dieser Kunst-Toast ist den Werken aus dieser Serie nachempfunden, auf denen die japanische Brücke zu sehen ist. Die knallgrüne Farbe der Pistazienbutter eignet sich wunderbar als Hintergrund für die Apfel- und Kiwiseerosen.

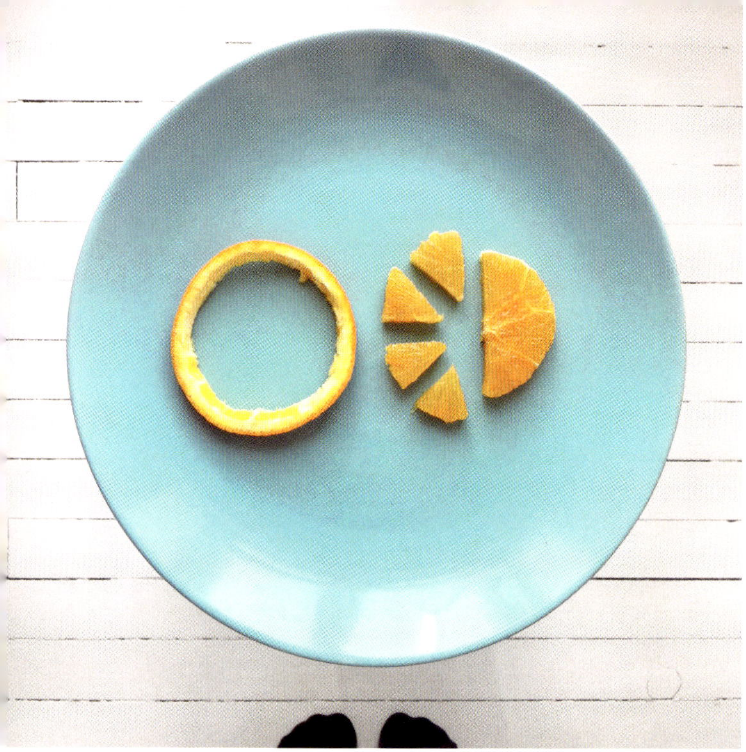
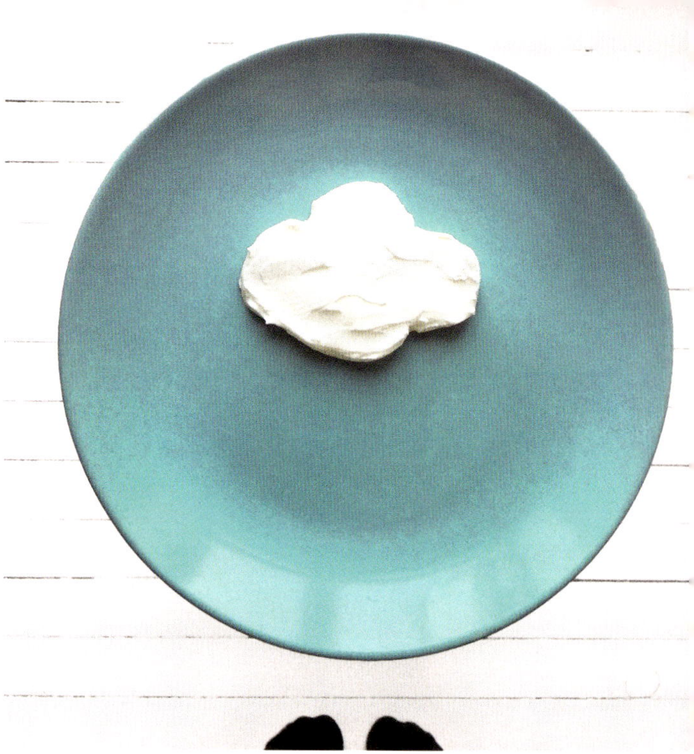
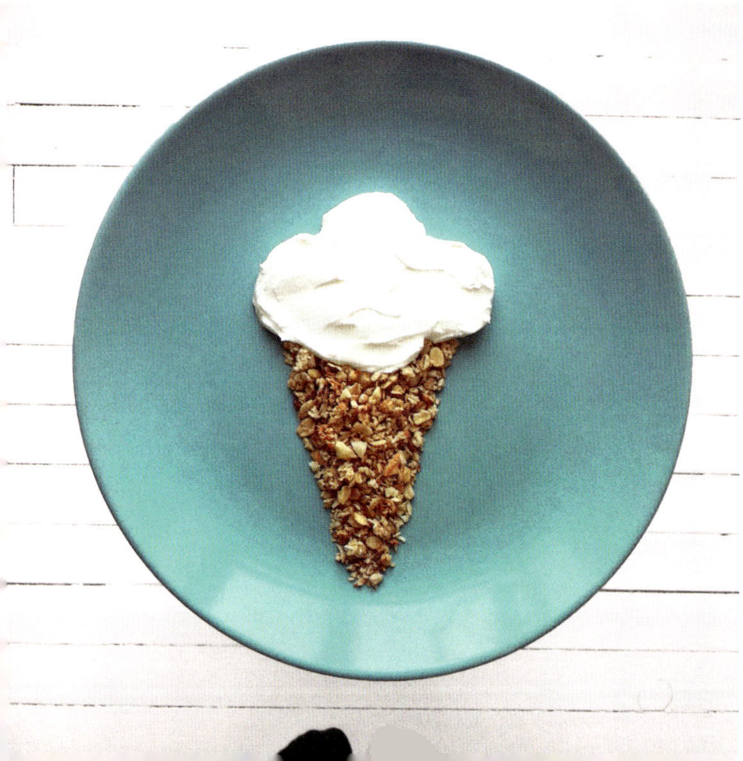
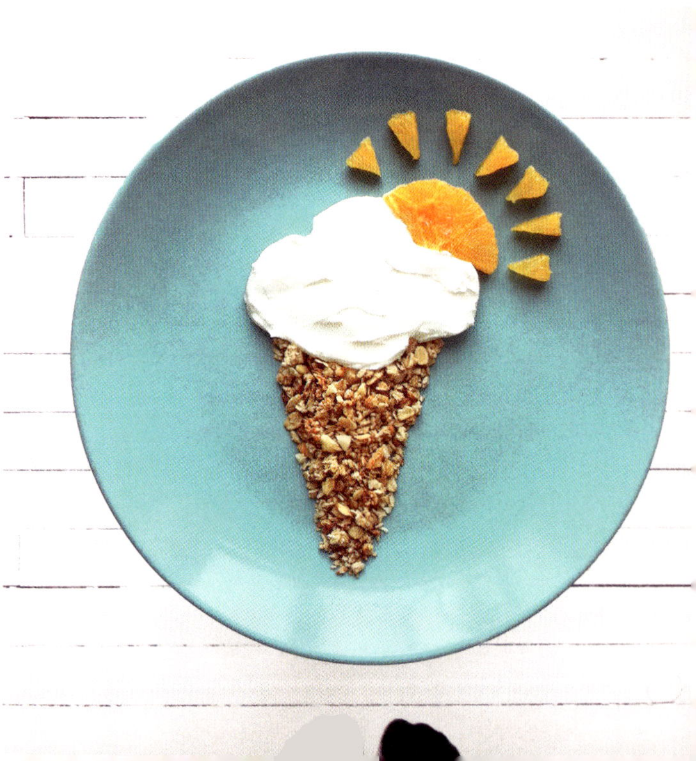

Warme Breie und Joghurt

Schwein gehabt!

#Himbeerjoghurt #Himbeeren #Heidelbeeren
ZEIT: 1 MINUTE

Manche Ideen sind so simpel, dass man es kaum glauben kann. Dieses Himbeerschwein gehört dazu. Man kann einen simplen Fruchtjoghurt nämlich ganz einfach und superschnell mit einem Himbeerrüssel und Heidelbeeraugen aufhübschen.

❶ Den Himbeerjoghurt in eine Schale füllen. (Joghurt am besten aus Naturjoghurt und pürierten Früchten anrühren.)

❷ Zwei Himbeeren als Ohren an den oberen Rand legen und zwei als Nasenlöcher in den Joghurt drücken.

❸ Für die Augen kann man Heidelbeeren nehmen und sie auf einen kleinen weißen Klecks Naturjoghurt drücken. Der Mund ist ein Stück Heidelbeere.

Taj Mahal in Agra, Indien
(Reisbrei-Version)

#Reisbrei #Mangosauce oder frische Mango #Zimt und Zimtstange
ZEIT: 15 MINUTEN

Der Taj Mahal ist eins der neuen sieben Weltwunder. Der Großmogul Shah Jahan ließ das Mausoleum zum Gedenken an seine dritte Frau Mumtaz Mahal bauen, 1648 war es fertig. Ich habe Reisbrei, Mangosauce und Zimt verwendet, weil das typische indische Zutaten sind.

❶ Mit dickem Reisbrei die Silhouette des Bauwerks und zweier Türme formen, ein Messer oder einen Löffel dafür zu Hilfe nehmen.

❷ Mit der Mangosauce oder mit Mangoscheiben Türen und Fenster dekorieren. Dann mit Zimtstangen ein Becken vor dem Palast errichten und mit Mangosauce füllen.

❸ Das Ganze mit Zimt verzieren.

Guten Morgen, müder Panda!

#Porridge #Heidelbeermarmelade #Banane #getrocknete Heidelbeeren #Trockenpflaume
ZEIT: 5 MINUTEN

Nicht alle Menschen sind Frühaufsteher, und manch einer hat Schwierigkeiten, morgens in Gang zu kommen. Ein leerer Gesichtsausdruck und dunkle Ringe um die Augen sind keine Seltenheit, und genau das war meine Inspiration für dieses Panda-Porridge.

❶ Dickes Porridge (siehe Seite 16) in eine flache Schüssel oder auf einen Teller geben und mithilfe eines Löffels die Ohren formen.

❷ Zwei kleine Mulden in den Brei drücken und mit Heidelbeermarmelade füllen – das ergibt die schwarzen Ringe um die Pandaaugen. Zwei Bananenscheiben mit je einer getrockneten Heidelbeere in der Mitte darauflegen.

❸ Die Nase ist aus Trockenpflaume und der Mund aus dünnen Marmeladenstrichen. Jetzt noch je einen Klecks Marmelade auf die Pandaohren – und auffuttern!

Ein dicker Hund!

#Hüttenkäse #Weetabix #Haselnüsse #Trockenpflaume #Sonnenblumenkerne
#grüne Trauben #Banane
ZEIT: 10 MINUTEN

Dieser runde Frühstückshund ist eine echte Promenadenmischung: Mutter Pudel, Vater unbekannt. Jeder ist eingeladen, hier ganz neue Hunderassen nach dem persönlichen Geschmack zu kreieren.

❶ Hüttenkäse auf einen Teller oder in eine Schale füllen. Zwei Weetabixriegel als Schlappohren anlegen.

❷ Die Haselnüsse als Augen in den Hüttenkäse drücken und mit Trockenpflaume und Sonnenblumenkernen die Schnauze formen.

❸ Eine grüne Traube halbieren und als Schleife oben zwischen die Ohren legen. Der Hundeknochen ist aus Banane.

Geplant war ein wildes Frühstück, heraus kam ein lieber Löwe

#Porridge #Zimt #roter Apfel #Rosinen
ZEIT: 5 MINUTEN

Grrr! Jeder meiner Versuche, gruselige Monster oder gefährliche Tiere zu machen, sieht am Ende einfach nur süß aus. Aber vielleicht ist das auch gut so, man möchte ja nicht schon am Frühstückstisch erschreckt werden. Hier also eine Idee, damit das ganz normale Porridge mit Äpfeln, Rosinen und Zimt beim nächsten Mal zumindest ein bisschen wilder aussieht.

❶ Porridge (siehe Seite 16) in eine flache Schale füllen. Wer mag, kann etwas Zimt unterrühren.

❷ Einen roten Apfel in dünne Spalten schneiden und am Rand rundherum als Mähne verteilen. Ein Dreieck für die Nase übrig lassen.

❸ Für Schnauze und Augen Rosinen hineindrücken.

Hüttenkäse-Schäfchen

#Hüttenkäse #Trauben #Kiwi #Clementine
ZEIT: 5 MINUTEN

Eine einfache und lustige Art, Hüttenkäse zu servieren! Schafe sehen ohnehin so aus, als ob sie aus Hüttenkäse wären – mit ihrem zottigen, dicken Fell. Mit Weintrauben dekoriert, ist die Illusion perfekt.

❶ Zwei unterschiedlich große Häuflein Hüttenkäse auf einen Teller setzen. Für die Köpfe dunkle Trauben längs halbieren und für Beine, Ohren und Augen in Streifen schneiden.

❷ Zacken in den oberen Rand von zwei Kiwischeiben schneiden, damit die Schafe eine Wiese haben.

❸ Clementinenspalten werden zu Berggipfeln, die in der Abendsonne glühen.

Frühlingsgefühle

#Joghurt #Kiwi #Granatapfelkerne #Haferflocken #Trauben
ZEIT: 5 MINUTEN

Eine Feier des Frühlings ist dieser Joghurtbaum mit seinen Kiwiblättern, aber auch an einem grauen Tag ist er ein Frischekick. Mit einer größeren Portion Joghurt und mehr Haferflocken als Boden wird er zu einer vollwertigen Mahlzeit.

❶ Joghurt in Baumform auf einen Teller spritzen.

❷ Aus Kiwischeiben Blätter schneiden und an die Äste hängen. Granatapfelkerne werden zu bunten Blüten. Haferflocken als Erdreich über die Baumwurzeln streuen.

❸ Für den Vogel eine Traube längs halbieren und einen kleinen Schnabel und einen Flügel aus Kiwi ausschneiden. Das Auge ist ein winziger Tupfer Joghurt.

Papaya-Kiwi-Karotten –
wachsen nur in meiner Küche!

#Papaya #Kiwi #Joghurt #Granola
ZEIT: 5 MINUTEN

Es macht immer Spaß, jemanden auf den Arm zu nehmen – zum Beispiel mit dieser Frühstücksüberraschung: Die Opfer nehmen es sicher nicht übel, weil richtige Karotten garantiert nicht so lecker im Joghurt schmecken würden. Anstelle von Papaya kann man auch jedes andere gelbe oder orange Obst nehmen, zum Beispiel Mango oder Orange.

❶ Spitz zulaufende Papaya-Dreiecke ausschneiden und in das breitere Ende ein Loch bohren.

❷ Eine Kiwi schälen und das äußere grüne Fruchtfleisch abschneiden. Dreiecke ausschneiden und die obere Kante zacken. Die untere Spitze so anpassen, dass sie in das Papayaloch passt.

❸ Das restliche Obst klein würfeln und abwechselnd mit Granola und Joghurt in ein Glas schichten. Die Papaya-Karotten mit dem Kiwigrün in das Joghurtbeet pflanzen.

Eisbärenzeit

#Porridge #Kokosraspel #Banane #getrocknete Heidelbeeren #Trockenpflaume
ZEIT: 5 MINUTEN

Ein wärmender Eisbärenbrei mit Kokosgeschmack. Einfacher kann's kaum sein. Perfekt für kalte, dunkle Morgen.

❶ Porridge kochen (siehe Seite 16) und in eine Schüssel füllen. Nach Belieben mit Kokosraspeln bestreuen.

❷ Zwei Bananenscheiben als Ohren auf den Brei legen.

❸ Getrocknete Heidelbeeren (oder Rosinen) als Augen drauflegen und eine kleine Trockenpflaume als Nase. Heiß servieren!

Pfannkuchen

Der rosa Hai

#Pfannkuchen #Heidelbeerjoghurt #frische und getrocknete Heidelbeeren
#Trockenpflaume #Mandelblättchen #Banane
ZEIT: 10 MINUTEN

Dieses Frühstück ist vom Film „Der weiße Hai" von 1975 inspiriert. Ich habe den Film nie ganz gesehen, weil ich ein sicher ungerechtfertigtes angespanntes Verhältnis zu Haien habe. Aber in diesem Rezept finde ich den Hai nicht ganz so unheimlich.

❶ Einen ovalen Pfannkuchen backen und nach dem Abkühlen mit Heidelbeerjoghurt bestreichen.

❷ Zwei getrocknete Heidelbeeren (oder Rosinen) als Augen auflegen. Das Maul aus einer flach gedrückten Trockenpflaume zuschneiden und scharfe Zähne aus Mandelblättchen einsetzen.

❸ Frische Heidelbeeren als Wasser um den Hai verteilen und einen kleinen mutigen Bananenmenschen am oberen Tellerrand schwimmen lassen.

Schönen guten Tag, du Murmeltier!

#Pfannkuchen #Joghurt #Mandelblättchen #getrocknete Heidelbeeren
#Kiwi #Trauben #Physalis #Orange
ZEIT: 10 MINUTEN

In den USA und in Kanada gibt es eine Menge schräge Feiertage, unter anderem den
„Murmeltiertag". Am 2. Februar finden in diversen Gemeinden Veranstaltungen statt, um
herauszufinden, ob der Frühling bald kommt. Dem Brauch nach lockt man das Murmeltier
aus seinem Bau – wenn es seinen Schatten sieht (wenn also die Sonne scheint), dauert der
Winter noch sechs Wochen an.

❶ Sechs Pfannkuchen backen: einen Erdhügel (mit etwas Kakao im Teig wird die Farbe
dunkler), ein Gesicht (mit zwei Zacken für die Ohren), zwei Pfoten und zwei kleine für die
Schnauze. Man kann natürlich auch einen großen Pfannkuchen backen und die Teile
daraus ausschneiden.

❷ In Murmeltierform arrangieren und mit Joghurt, Mandelblättchen und Heidelbeeraugen
dekorieren.

❸ Kiwistängel und Traubentulpen zuschneiden und eine Sonne aus Physalis und Orangen
stückchen legen.

Zuckerstangen-Narwal im Regenbogenland

#Pfannkuchen #Marmelade #Joghurt #Trauben #getrocknete Heidelbeeren
#Kiwi #Orange #Granatapfelkerne
ZEIT: 15 MINUTEN

Narwale sind urige Geschöpfe. Sie haben vorn am Kopf ein gedrehtes Horn, das bis zu 2,7 Meter lang werden kann. Im Mittelalter wurde das Narwalhorn um das Vielfache seines Gewichts mit Gold aufgewogen, weil man es für das magische Horn des Einhorns hielt.

❶ Einen Pfannkuchen in Narwalform backen. Die Flosse kann separat gebacken und hinterher draufgelegt werden.

❷ Den Narwal mit Marmelade und Joghurt dekorieren und eine getrocknete Heidelbeere als Auge auflegen.

❸ Buntes Obst klein schneiden und als Regenbogen über dem Narwal strahlen lassen.

Goldlöckchen und ihre Gang

#Pfannkuchen #Mango #Granatapfelkerne #Joghurt #getrocknete Heidelbeeren
ZEIT: 10 MINUTEN

In dem ziemlich schrägen Märchen „Goldlöckchen und die drei Bären" bricht Goldlöckchen in das Haus der Bären ein. Kein Wunder, dass die ziemlich sauer reagieren! Die Pfannkuchenversion ist einfach zu machen und schmeckt sehr gut mit Honig (so wie Bären es lieben).

❶ Vier Pfannkuchen backen: einen runden für Goldlöckchens Gesicht und drei unterschiedlich große mit Ohren für die drei Bären.

❷ Aus einer dünnen Mangoscheibe Goldlöckchens blonde Haare ausschneiden, mit einer Schleife aus Granatapfelkernen verzieren und auf den runden Pfannkuchen legen.

❸ Alle Pfannkuchen mit Joghurt und getrockneten Heidelbeeren dekorieren. Anschließend testen, welcher Pfannkuchen am besten schmeckt.

Für alle Mütter dieser Welt

#Pfannkuchen #Erdbeermarmelade #Joghurt #Heidelbeeren #rote Trauben
ZEIT: 20 MINUTEN

Russische Matroschkas sind ein Symbol für Fruchtbarkeit und Mutterschaft. Wenn man die ineinander geschachtelten Holzpuppen auseinandernimmt, könnte man meinen, dass es gar kein Ende nimmt. Ich hab die Zahl auf vier verschieden große Pfannkuchenpuppen beschränkt.

❶ Vier unterschiedlich große Pfannkuchen backen.

❷ Zunächst den Kapuzenumhang aus Erdbeermarmelade aufstreichen, dann Gesicht und Schürze aus Joghurt aufspritzen.

❸ Heidelbeeren für Haare und Augen zuschneiden. Der Mund und die Blüten auf den Schürzen sind aus roten Trauben. Das Ganze viermal wiederholen (oder noch öfter, wenn die Geduld dafür reicht).

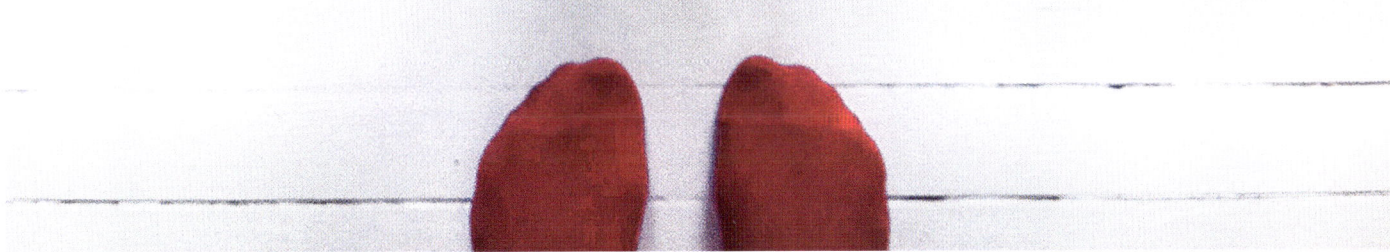

Moby Dick

#Pfannkuchen #griechischer Joghurt #Heidelbeeren #rote Trauben
ZEIT: 10 MINUTEN

In Herman Melvilles Roman „Moby Dick" ist Kapitän Ahab auf der ewigen Jagd nach dem weißen Wal, was ihm am Ende nicht gut bekommt. Dieser freundliche Wal ist aus Pfannkuchen, mit griechischem Joghurt bestrichen. Ganz besonders lecker in Kombination mit ein bisschen Honig!

❶ Den Pfannkuchen in Walform backen oder zuschneiden. Den Joghurt gleichmäßig darauf verteilen.

❷ Eine Heidelbeere ist für das Auge und der Rest für das Wasser und die Fontäne.

❸ Maul und Vögel sind aus Streifen von roten Trauben zugeschnitten.

Zwei treue Eulen

#Pfannkuchen #griechischer Joghurt #Mandelblättchen #Heidelbeeren #Kiwi #Physalis
ZEIT: 10 MINUTEN

Eulen umgibt eine Aura von Klugheit und Mystik, sie sind die weisen Vögel des Waldes und das Symbol für Gelehrsamkeit. Diese Eulenmutter und ihr Eulenjunges haben Mandelflügel und ruhen sich auf einem Kiwizweig aus.

❶ Sechs Pfannkuchen backen oder aus einem Pfannkuchen zuschneiden: zwei unterschiedlich große Eulenkörper und zwei Paar Halbmonde für die Flügel.

❷ Mit Joghurt bestreichen und die Flügel mit Federn aus Mandelblättchen dekorieren. Für Ohren, Schnabel und Krallen ebenfalls Mandelblättchen verwenden. Heidelbeeren als Augen auflegen.

❸ Kiwistreifen zuschneiden und zu einem Ast mit Zweigen zusammenlegen. Einige Physalis kreuzweise einschneiden und als Früchte an die Zweige hängen.

Depressive Giraffe (sich fragend, was der Winter noch bringen wird)

#Pfannkuchen #Erdnussbutter #grüne Trauben #Joghurt
#getrocknete Heidelbeeren #Gojibeeren
ZEIT: 5 MINUTEN

Die wenigsten Giraffen haben eine Idee davon, was Winter bedeutet. Aber man kann sich fragen, was sie wohl davon hielten, wenn sie einmal einen erleben würden. Die Idee zur Pfannkuchengiraffe kam mir beim Essen eines Wraps, das mich an einen langen, scheckigen Giraffenhals erinnert hat.

1 Zwei Pfannkuchen backen. Für die Hörner und den Baum ein paar dünne Streifen vom Rand eines Pfannkuchens abschneiden. Beide Pfannkuchen mit ein wenig Aufstrich nach Wahl bestreichen, ich habe Erdnussbutter genommen. Den einen Pfannkuchen zum Hals zusammenrollen und auf einen Teller legen.

2 Aus dem zweiten Pfannkuchen den Giraffenkopf machen: Den Pfannkuchen dafür zuerst zu einem Halbkreis zusammenlegen, dann die beiden Seiten so nach innen falten, dass die Ohren entstehen. Umdrehen und beim Hals anlegen.

3 Zwei Pfannkuchenstreifen als Hörner darunterschieben und mit zwei halben Trauben toppen. Für die Augen zwei getrocknete Heidelbeeren auf zwei Kleckse Joghurt drücken und zwei weitere Heidelbeeren als Nüstern andrücken. Mit den restlichen Pfannkuchenstreifen kann man einen Baum wachsen lassen. Meiner ist mit getrockneten Gojibeeren verziert, aber man kann natürlich auch etwas anderes verwenden.

Der kleine Prinz isst sein Frühstück

#Pfannkuchen #Heidelbeerjoghurt #Sonnenblumenkerne #Kiwi #Banane
#Granatapfelkerne #Physalis #schwarzer Sesam
ZEIT: 20 MINUTEN

„Der kleine Prinz" von Antoine de Saint-Exupéry ist eins der meistverkauften Bücher der Welt. Es handelt von einem jungen Prinzen, der auf einem Asteroiden wohnt, ehe er sich eines Tages auf eine spannende Reise durchs Universum begibt, um Freunde zu finden.

❶ Einen runden Pfannkuchen mit zwei kleinen Vulkanen backen und mit Heidelbeerjoghurt bestreichen. Blüten aus Sonnenblumenkernen drauflegen und auf einem Teller platzieren.

❷ Aus Kiwi die Kleider des Prinzen ausschneiden und Granatapfelkerne als Schleife und Gürtel dekorieren. Die Arme und der Kopf sind aus Banane, das Haar aus einem Stück Physalis. Für die Augen und den Mund habe ich schwarze Sesamkörner genommen.

❸ Einige Physalisfrüchte halbieren und als kleine Planeten rund um den Asteroiden verteilen. Abschließend noch die Joghurtdetails aufspritzen – und sich mit dem Prinzen auf die Reise machen!

Hoch in die Lüfte (mit einem blinden Passagier)

#Pfannkuchen #Honig #Sonnenblumenkerne #rote Trauben
#Heidelbeeren #Grapefruit #Hüttenkäse #Mandeln
ZEIT: 5 MINUTEN

Mit einem Heißluftballon voller Vitamin C hoch in die Lüfte steigen: Blinde Passagiere sind herzlich willkommen! In unserem Korb hat sich ein heimlicher Hase versteckt ...

❶ Einen viereckigen Pfannkuchen backen, alternativ Toastbrot verwenden. Mit Honig bestreichen und mit Sonnenblumenkernen und roten Trauben dekorieren. Zwischen Korb und Ballon werden Heidelbeertaue gespannt.

❷ Für den Ballon eine Grapefruit (oder eine Orange) halbieren.

❸ Den Himmel mit Hüttenkäsewolken schmücken und zwei Mandeln für die Lauscher des blinden Passagiers in den Korb schmuggeln.

Arielle, die kleine Meerjungfrau

#Pfannkuchen #Joghurt #Kiwis #Erdbeeren #Physalis #Orange #Heidelbeeren
ZEIT: 20 MINUTEN

Das wallende rote Haar der Meerjungfrau Arielle aus dem gleichnamigen Disneyfilm hat mich schon als Kind fasziniert. Das Rot von reifen Erdbeeren entspricht dem ziemlich genau. Dieser Teller inspirierte mich zu einer bunten Unterwasserlandschaft! Wer sich traut, kann den Teller mit in die Badewanne nehmen.

❶ Einen Pfannkuchen in Form einer Meerjungfrau backen oder aus einem Pfannkuchen ausschneiden.

❷ Mit Joghurt bestreichen. Den Unterleib mit Kiwischuppen auslegen und die roten Haare aus einer Erdbeere zuschneiden. Das Bikinioberteil besteht aus zwei Physalishälften. Die Augen sind getrocknete Heidelbeeren (oder Rosinen) und der Mund ein winziges Stück Erdbeere.

❸ Die Meerjungfrau schwimmt durch wogenden Kiwitang und Erdbeer-Seesterne. Begleitet wird Arielle von ihren Freunden: Die Krabbe Sebastian ist aus Erdbeerstücken und Fabius, der Doktorfisch, aus Orange und Heidelbeeren zusammengesetzt.

Schneewittchen und die sieben Beerenzwerge

#Pfannkuchen #griechischer Joghurt #diverse Marmeladen #Trockenpflaume
#getrocknete Heidelbeeren #Himbeeren

ZEIT: 15 MINUTEN

Nach dem Schrecken mit dem vergifteten Apfel ist Schneewittchen lieber auf eine andere leckere Obstsorte umgestiegen, nämlich Himbeeren. Die Zwerge sind ihrem Beispiel gefolgt und haben sich nigelnagelneue Himbeerzipfelmützen angeschafft.

❶ Sieben kleine Zwerg-Pfannkuchen und einen Pfannkuchen in Schneewittchenform backen. Arm besser separat backen.

❷ Schneewittchens Gesicht, Arm und die Details mit griechischem Joghurt aufspritzen. Für das Oberteil des Kleides Brombeer- oder Heidelbeermarmelade auftragen, für den Rock Aprikosen- oder Orangenmarmelade. Für das Haar Trockenpflaume verwenden und getrocknete Heidelbeeren für die Augen und Augenbrauen. Jetzt kommen die Himbeer-details – der Mund, die Haarschleife, die Streifen auf dem Kleid und eine Himbeere in ihrer Hand.

❸ Nun die sieben Zwerg-Pfannkuchen um Schneewittchen verteilen, Himbeermützen aufsetzen und die Gesichter mit Joghurt und Heidelbeerstückchen gestalten.

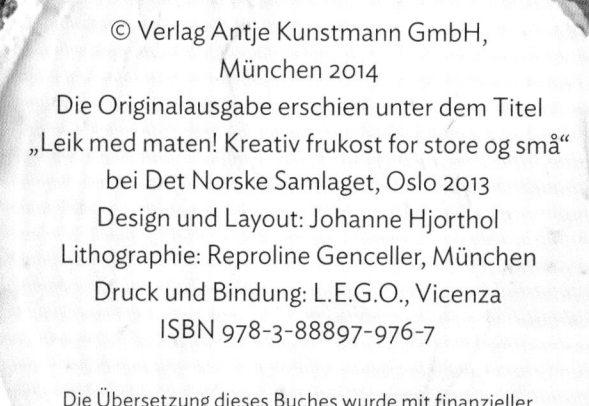

© Verlag Antje Kunstmann GmbH,
München 2014
Die Originalausgabe erschien unter dem Titel
„Leik med maten! Kreativ frukost for store og små"
bei Det Norske Samlaget, Oslo 2013
Design und Layout: Johanne Hjorthol
Lithographie: Reproline Genceller, München
Druck und Bindung: L.E.G.O., Vicenza
ISBN 978-3-88897-976-7

Die Übersetzung dieses Buches wurde mit finanzieller
Unterstützung der NORLA (Norwegische Literatur im Ausland)
veröffentlicht. Der Verlag bedankt sich hierfür.

Hunger aus mehr?
Weitere wunderbare Frühstücksideen von IdaFrosk
auf Instagram (instagram.com/idafrosk) oder auf www.idafrosk.com